JN105028

1970～80年代
京阪電車の記録

京阪本線、宇治線、交野線
大津線（京津線・石山坂本線）

諸河 久

新製なった8000系と在来の3000系が並ぶ。橙色と赤の塗装と鳩のマークは京阪特急の伝統で、8000系では3000系のオール・クロスシートをさらにグレードアップ。このような車両を特別料金なしで利用できるのが、京阪特急の魅力である。
寝屋川車庫　1989. 8.10

.....Contents

寝屋川車庫に勢ぞろいする1970～80年代を代表する京阪電車。当時の塗装は特急車が橙色（マンダリンオレンジ）と赤（カーマインレッド）、一般車は緑の濃淡のツートンカラーだった。すべて冷房車だが、正面スタイルのほか、前照灯や標識灯の形状の違い、それに正面窓と貫通路部分の処理の仕方から、新製または改造の時期が読み取れる。寝屋川車庫　1981.5.16

表紙写真：1933年に高架複々線化が完成した区間を3000系6連の淀屋橋行き特急が100km/h以上のスピードで通過する。1971年に登場した3000系は、1700系の流れを汲むそれまでの特急車とはスタイルや設備の面で一線を画しており、料金不要とは思えないほどの名車。ブルーリボン賞を受賞できなかったのが、今でも不思議な感じがしてならない。千林～森小路　1985.12.12

裏表紙：冬特有の重い雲の隙間から注ぐ光で、6000系がシルエットになって浮かぶ。くの字形に折れた先頭部分、1つのキセで覆った屋根上のクーラー部分、大きな窓、それらは21世紀を目指す京阪電車の理想像を追及しているようだ。明治年間から現在まで100年以上にわたり、旅客目線に立ってサービスを追求してきた京阪電車。いつまでも健やかであれ！！八幡市（現・石清水八幡宮）～淀　1985.12.12

はじめに

　筆者が「京阪電車」に魅了されたきっかけは、鉄道趣味雑誌に掲載された60型流線形連接車「びわこ」の紹介記事だった。天満橋から浜大津に直通した往年の「びわこ」は、本線走行用のパンタグラフと、三条から先の京津線走行用トロリーポールを備えた「二刀流電車」として、レジェンド的な存在になっていた。この「びわこ」に感銘を受けて、関西に行ったら一度は撮影したい電車となった。

　1960年代、関西の大手私鉄である阪神、阪急、近鉄、南海は、それぞれプロ野球球団を経営しており、「阪神タイガース」、「阪急ブレーブス」、「近鉄パールズ→バッファローズ」、「南海ホークス」と、特色あるチームカラーと愛称で多くのファンを獲得していた。

　在阪私鉄では「京阪」だけがプロ野球球団を持たなかった。しかしながら、曲線が多い京阪線を揶揄して「京阪カーブス」というニックネームが、私鉄ファンの間で喧伝されていた。現在の京阪電車は高架複々線化も完成し、「カーブス」の汚名を返上している。

　カラーブックスの版元であった保育社から「日本の私鉄シリーズ　京阪」の撮影依頼を受けたのは、私鉄シリーズ・阪急を上梓した1980年の秋だった。大津線沿線で紅葉撮影地のロケハンをして、翌春から本格的な撮影に入ったことを記憶している。阪急の撮影と同様に「コダック・コダクローム64」とキヤノンF-1の撮影機材を駆使して、京阪電車を撮影している。

　「京阪」は車両部車両課長の奥田行男氏と交通評論家の野村 董氏が共著者として執筆を担当された。両氏のご尽力により「京阪」が刊行されたのは1981年8月だった。前作の阪急同様「京阪」もファン必見の仕上がりとなった。

　あれから39年が経過した今春、株式会社フォト・パブリッシングから当時のカラーポジ作品を中核にして再編した「京阪電車の記録」を上梓する運びとなった。旺盛な体力に任せて京阪沿線の撮影地を踏破した若き日の作品は、1980年代の京阪電車の魅力を十分にお伝えできることと確信している。これに加えて、1989年の鴨東線（三条～出町柳）開業時に登場した8000・7000系と、リニューアルしてダブルデッカー車両を加えた3000系も掲載して、その後の京阪電車を展望した。

　「風光明媚な京都鴨川河畔を走る京阪電車」というのが京阪を代表するシチュエーションだった。今は思い出となった、鴨川沿いを走る京阪電車の撮影には「コダック・コダクロームⅡ(ISO25)」を使っており、伝説のカラーポジフィルムとなった「KⅡ」作品もあわせてご覧いただきたい。

　いっぽう、筆者が1960年代から撮影に通ったポール集電時代の大津線を記録したモノクローム作品群も、新たにデジタルリマスターして掲載した。流線形連接車「びわこ」を始めとする往時の名車たちの足跡をお楽しみいただければ幸いである。

2020年 春

諸河 久

1章
コダクロームの記憶（1）
京阪本線

桜満開の三条駅を発車。一路大阪淀屋橋をめざす3000系特急。オール・クロスシートの3000系では運転席背後の座席
2列には水色のシートカバーが掛けられ、「（おとしより、体の不自由な方の）優先席」とされていた。しかし前面眺
望には抜群の席であるため、鉄道愛好者の立場からは"鉄道ファンの優先席"として欲しいところだった。
三条〜四条（現・祇園四条）　1981.4.8

1980年に高架複々線化された
大和田駅付近を出町柳行き
上り特急が通過する。京阪
本線の延長区間である鴨東線
（三条〜出町柳・2.3km）開業
4日後の撮影であり、8000系
は「祝・鴨東線開業」の標識
板を付けている。当時8000系
は7両編成1本しかなかった
ので人気が高く、始発の淀屋
橋駅では目当てで乗る客で、
ホーム乗車位置には長蛇の列
ができていた。
古川橋〜大和田　1989.10.9

8000系7両からなる淀屋橋行き特急が森小路駅にさしかかる。後方には先ほどすれ違った3000系の姿が見える。8000系の正面マスクは7000系を3枚窓にしたようなタイプで、固定編成で運用されるため、スカート回りはすっきりしている。
千林〜森小路　1989.10.18

「テレビカー」は庶民にとっては街頭テレビの時代だった1954年に1800系特急車に取り付けられて以来、京阪特急では当然の設備とさえなっており、8000系でも7両編成（当時）の4両目にあたる8700形に設置された。側面上部のステンレスのレタリングは鳩マークとともに京阪特急の象徴といえた。なお、せっかくの車内テレビもワンセグの普及で2009年以後廃止・撤去されている。
寝屋川車庫　1989.8.10

3000系で好評だった正面の曲面ガラスは8000系にも受け継がれるが、側面に回り込んだところで斜めにカットされるあたりに8000系ならではの個性が溢れている。また8000系では特急車としては初めて広窓が採用されるが、扉から車端部への窓は3000系までの狭窓とし、非常時に備えて下降式となっている。
寝屋川車庫　1989.8.10

8000系は1997年から1998年にかけてダブルデッカーの8800形を組み込んだ8両編成になる。この写真のみは1章のタイトルとは異なり、「キヤノンEOS-1Ds MarkⅢ EF70-200mm F2.8L IS USM」で撮影したデジタル作品である。京橋～野江　*2008.6.27*

「テレビカー」2両連結の三条行き特急が複々線上の急行線を行く。3000系の2段窓は上部が下降式であることが写真からも見て取れる。土居駅ホームからの撮影だが、直前に通過したばかりの滝井駅とは距離にして400mしか離れていない。
滝井〜土居　1982.5.28

ステンレス製の幌枠と京阪では唯一の電気連結器付き密着連結器が"男前"を引き立てる3000系7連の淀屋橋行き特急。写真
右手はひらかたパークで、関西では各地の遊園地が相次いで閉園に追い込まれる現在も、好調な経営を続けている。
枚方公園～光善寺　1982.5.27

鴨川と疎水に挟まれた堤防を行く淀屋橋行き特急に晩秋の斜陽が注ぎ、アルミサッシの2段窓が美しく映える。京都市内の名風景も3000系も過去のものと化して久しいが、手前の3503は1991年の廃車後富山地方鉄道に移り、現在も活躍中。
五条（現・清水五条）～七条　1975.11.22

[時代祭行列絵図]

維新勤王隊列　　　　　　　　　　　　　　　　　日月　錦旗　　　　　鼓笛隊

京阪では初のダブルデッカー車となった3855は、その塗装からマンダリンオレンジの部分が目立ちすぎるせいか、車体側面に幅9m、高さ0.6mにわたり「葵祭」「祇園祭」とともに京都三大祭といわれる「時代祭行列絵図」のラッピングが施されている。この絵図は反対の側面では図柄が異なっているのがミソといえる。　寝屋川車庫　1995.12.23

1990年以降、ダブルデッカー車は珍しい存在ではなくなっていたが、日本の鉄軌道で特別料金なしで乗車できるのは、明治期の大阪市電1形5号のような特殊な例を除けば、京阪3855が最初である。2階部分にはシートピッチとの関係で階上・階下とも集団離反式の一方向き固定クロスシートが採用された。寝屋川車庫　1995.12.23

8000系の増備にともない引退に追い込まれた3000系だが、1994年以後も予備車として残された9両のうち7両は、1995年12月に8000系並みの仕様にリニューアルされ、合わせてT車の3608がダブルデッカー車3855に改造される。写真は竣工直後のもので、3855は淀屋橋方から3両目である。
寝屋川車庫　1995.12.23

巨大マンションをバックに古川橋駅に進入する7000系淀屋橋行き普通。寝屋川信号所〜土居間の高架複々線化は1980年3月に竣工するが、旧線路敷を使用したためカーブ区間が多く見られる。7000系は特急用8000系同様昇圧後に登場した車両で、京阪では初のVVVF制御車である。
大和田〜古川橋　1989.10.18

7000系は形態的には6000系のマイナーチェンジ車で、前面は6000系のような傾斜がなくなったのと、大窓は前照灯と行き先表示の下部で分割されているのが特徴。写真撮影時は16両の小世帯だったため、新車ながらも普通運用が主体だった。
土居　1989.10.9

6000系は京阪線の1500V昇
圧時に一掃される旧形車の
代替として1983年から製造・
量産された通勤車で、車体
は1957年製の旧1650形から
の流れを一新。5000系以来
久方ぶりにアルミ合金製が
採用されたほか、正面は半
流線形で助士側が非常口を
兼ねた連続窓、側面も大型
の下降式窓となり、斬新さ
が溢れたスタイルである。
1984年には京阪として初の
ローレル賞を受賞した。
寝屋川車庫　*1985.12.18*

内側線の6000系出町柳行き急行が外側線の5000系萱島行き普通を追い抜く。天満橋～寝屋川信号所間約12kmは方向別複々線であるため、駅ホームや列車内からは列車同士の追い抜きが頻繁に眺めることができ、京阪の魅力の一つとなっている。守口市～西三荘　1989.10.18

伏見稲荷大社への参詣最寄駅にふさわしく駅の柱や柵を朱塗りした伏見稲荷駅に6000系7連の三条発淀屋橋行き急行が停車。
同区間を急行は途中15駅停車の60分で結んでおり、京阪間直通より沿線主要駅相互間旅客の便宜を図っていた。*1985.12.13*

複々線区間中、普通だけの停車駅で唯一の島式2面ホームを有する森小路駅に5000系7連の淀屋橋行きが進入。1970年に18m車体ながら5ドア車で登場し話題をまいた5651からなる編成だが、幌枠や標識板に新製当初の面影を残していた。
千林～森小路　1985.12.12

京阪の高性能通勤車の中で最初にアルミ車体を採用し、正面も切妻形で特異な5000系だが、1976年製の5555からなる第3次車からは、京阪では初の種別・行き先表示器が貫通路に装備される。5扉のうち2ヶ所は混雑時間帯のみに使用される。
守口市～西三荘　1985.12.13

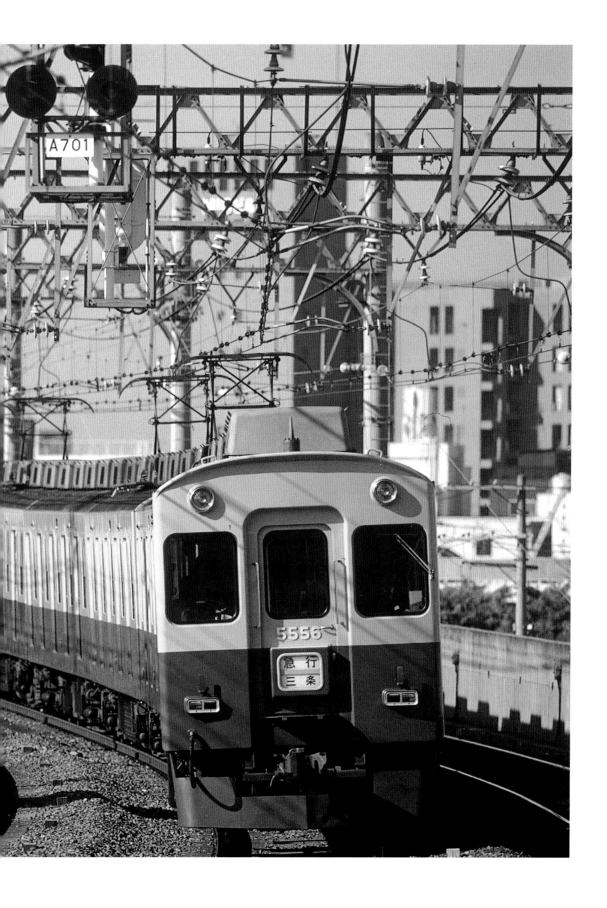

大阪城をバックに京橋駅付近の高架線を行く2600系6連の樟葉行き準急。当時の準急は淀屋橋〜樟葉間での運転が主体で萱島以北は各駅停車だった。2600系は2000系からの改造車と純然たる新車からなり、1981年3月に落成したばかりの2631はピカピカの新車だった。天満橋〜京橋　1981.5.16

関西私鉄初の本格的通勤冷房車2400系7連の淀屋橋行き急行が大阪・京都府境を行く。この付近は淀川沿いの開けた風景が
展開し、列車撮影に好適だったが、線路内への立入りを未然に防ぐため、1980年代前半に侵入防止柵が設置された。
橋本～樟葉　1986.2.6

京阪本線は八幡市内を流れる
木津・宇治の両大河を総計
600mに及ぶトラス橋で越え
る。写真は淀寄りの宇治川橋
梁を行く2400系。2400系は京
阪線では初めてシールドビー
ムや埋込式標識灯、側面窓上
に種別表示器を装備した車両
でもある。
八幡市（現・石清水八幡宮）
〜淀　1981.4.9

京都府八幡市内の木津川と宇治川に挟まれた冬景色の大築堤上を2200系7連の淀屋橋行き急行が行く。雄大な風景が展開したこの場所も、すぐ上を京滋バイパスの高架橋が直交し、写真を撮影できるポイントは限られるようになってしまった。
淀〜八幡市（現・石清水八幡宮）　1986.2.6

清らかに流れる鴨川の堤防上を行く冷房化直後の2200系7連からなる淀屋橋行き急行。鴨川の対岸からは背後に佇む東山連山も写真画面に入り、古都の四季の移ろいが感じられる。晩秋の斜光は緑の濃淡の車両に新しい色を添える演出家でもある。
五条（現・清水五条）〜七条　1975.11.22

前ページと同じ地点を行く2000系オールM・4連の三条発淀屋橋行き普通を、正面橋上の線路に近い位置から捉えた作品。
2000系の前照灯が二重に見えるのは元のライトの枠にシールドビームを収めたためで、この手法は2200系も同様である。
五条（現・清水五条）～七条　1975.11.22

天野川支流の小川沿いを行く元特急車1900系7連の淀屋橋行き普通。3000系の増備で1972年から74年にかけて通勤車に格下げされ、普通や混雑時の準急などに使用されたが、正面のバンパーや窓配置に特急時代の面影を残していた。
牧野～御殿山　1981.1.29

わが国で初の高性能車として1953年に登場した1800系は、1964年の1900系登場にともない特急の任を降り、その後は、3ドア
ロングシートの通勤車として1500V昇圧まで、本線を中心に幅広く活躍する。写真は5連で普通に使用される晩年の姿。
大和田～萱島　*1981.1.28*

京阪初の特急専用車として1951年に登場した1700系が1983年の1500V昇圧を前に最後の活躍に励む。なお、京阪の区間急行
は戦前からの複々線区間を含む京橋〜守口市間だけをノンストップで走る列車のことで、種別的には準急より下位である。
滝井〜土居　1982.5.28

12 〜 13、48 〜 49ページと同じ場所を走る電車を滝井駅ホームから撮影した写真。土居駅ホームと両駅の中間にある陸橋が
見える。1700系は吊掛け車だが、1800・1810 (1900) 系との併結も可能だった。3ドア化に際し中間扉は両開きとされた。
滝井〜土居　1981.1.29

1300系4連からなる三条発宇治行き普通。1300系は戦後間もない1948年に製造された運輸省規格型電車で、当初は2ドア車だったが、後に3ドア化される。幕版が広く、ドアも中央に偏っているきらいがあるが、塗装が見事にカバーしている。
五条（現・清水五条）〜七条　1975.11.22

複々線上の急行線を行く1000系同士のすれ違い。1000系は車体更新車である吊掛け式700系の代替名義で登場した高性能
冷房車で、貫通路部分に種別・行き先表示器が設定され、代わりに幌は廃止。以後の通勤車の更新改造に影響を与えた。
京橋〜野江　1981.5.16

澄み渡る青空のもとで迎えた1981年の元日。伏見稲荷は伏見稲荷大社への参拝客で賑わう。同じ混雑でも通勤時と異なり、人々の表情は穏やかだ。ホームに停車中の630形は京阪高性能通勤車の礎を築いた旧1650形だが、その生涯は波乱に富んでいた。
1981.1.1

複々線区間の滝井駅に10分ごとにやってくる上り普通電車が停車する。1964年の誕生から25年を経過した2200系の顔の表情も81〜82ページの写真とは大きく変わった。季節は冬とはいえ、女性の服装から暖かい小春日和の一コマである。
滝井　1989.12.12

2章
コダクロームの記憶（2）
宇治線・交野線

住宅開発が進む宇治線を行く2000系普通。当時の宇治線では三条直通も設定されていたが、すべて線内各駅停車だった。「スーパーカー」と呼ばれた高性能車2000系は、この時期としては少数勢力となった非冷房車で、2600系への置換えが進められていた。写真の2022は1959年12月に製造された車両で、窓が小振りなのが特徴である。
六地蔵〜桃山南口　1981.5.19

東山連山をバックに春の陽気が漂う中、1800系4連の宇治発三条行き普通が行く。先頭の1804は630形632の車体に1800形1804
の機器を載せた更新車。1982年の登場だが、冷房化が施されなかったため、活躍期間は短かった。
六地蔵〜桃山南口　*1983.4.26*

1960年代半ばまで木造車が稼働し、水田が広がっていたこの区間は住宅開発で複線化され、4〜5連の電車が走るまでに成長した。しかし、昇圧対象に入っていない1300系は1983年に廃車が決定しており、同形式にとっても交野線は最後の職場だった。村野〜郡津　1981.5.16

1992年まで単線で残った交野線私市〜河内森間を行く2600系枚方市行き普通。生駒山地の北端に当たるこの区間も、交野線の複線化が完成して久しい現在では宅地化が進み、線路脇には柵が設置されるなど、のどかさは消えつつある。
私市〜河内森　1989.12.20

男山ケーブル（現・石清水八幡宮参道ケーブル）は距離こそ0.4kmに過ぎないが、トンネルが2ヶ所と全長108mの男山橋梁が存在し、景色は変化に富んでいる。写真の車両は2001年に新車に置換えられ、さらに2019年6月にリニューアルされている。
八幡市（現・ケーブル八幡宮口）〜男山山上（現・ケーブル八幡宮山上）　*1985.12.19*

3章
コダクロームの記憶（3）
大津線（京津線・石山坂本線）

京都市山科区内の併用軌道を行く500形2連の浜大津発三条行き準急。当時の京津線三条～御陵間では三条～蹴上、九条山～御陵間に併用軌道が存在し、路面乗降の停留所も設置されるなど、市内電車的な雰囲気が漂っていた。260形を高性能車化した500形は高床車であるため、三条～御陵間ノンストップの準急に使用された。
日ノ岡～九条山　1986.1.22

桜花爛漫の京津線を行く三条発四宮行き普通。南禅寺や哲学の道の最寄駅である蹴上は、写真のように安全地帯が存在するだけ。そのためステップ付きの80形だけが停車した。電車はこのあと九条山の66.7‰勾配に挑む。蹴上～九条山　1981.4.8

特急色の260形274＋273の浜大津発三条行き準急が、京阪の鉄・軌道線では唯一の山岳トンネルである逢坂山隧道を抜ける。この付近は急カーブ・急勾配が連続する。なお、260形は1981年度末には一般色化された。上栄町〜大谷　1980.11.30

500形2連からなる三条発の準急が終点の浜大津に進入。琵琶湖観光の要所である同駅は1981年4月に機能的な造りに改装されたものの、利用客が減少したのは残念である。観光船乗り場では「ミシガン」が出航を待つ。
上栄町浜大津（現・びわ湖浜大津）駅　1982.5.27

大戦中に穴太以北が単線化された石山坂本線（通称石坂線）の末端区間を、一般色化された260形2連の坂本行きが急勾配に挑む。この区間の複線復旧工事は1997年9月に実施され、京阪鉄・軌道線全線の複線化が達成された。
穴太〜松ノ馬場　1986.1.23

石山坂本線専用車ともいえる350形2連の坂本発石山寺行き。全長14.1kmの区間を各駅停車は32分で結ぶ。350系は木造車800形（100～101ページ）の機器流用車で1966年から67年にかけて登場。当初から一般色だった。穴太～滋賀里　*1981.5.19*

大津線初の冷房車として1984年に登場した600系は時代の流れか、半流線形と曲面ガラスの正面は本線用6000系譲りだ。のど
かな風景が展開する石坂線だが、住宅開発と立入り防止柵設置でこうした写真は今では撮れない。穴太〜滋賀里　1992.9.17

鴨川べりの狭隘なスペースを利用した三条駅で発車を待つ1800系天満橋行き特急。当時1800系の一部にはロングシート車も存在し、停車位置に入ってきたときはさすがに落胆したものだ。左後方に三条大橋が見える。三条　1961.3.31　撮影:飯島 巌

大津線の名車60形「びわこ号」も撮影当時では3本中、62が廃車。61と63は車籍を残しているものの、錦織車庫で休車状態だった。赤と橙の特急色は天満橋～浜大津間直通特急として活躍した栄華の時代の名残といえよう。
錦織車庫　1968.3.31

4章
モノクロームの世界（1）
京阪本線

雨がホームを濡らす真冬の日も、京阪特急は大阪方面目指して、いつものように発車していく。写真の1900形1911は、1963年4月の淀屋橋延長に際し、空気バネ台車装備の1810形1820を1900系に編入した車両である。当時の国鉄電車では空気バネは151系など優等列車用に限られていたので、1900系のレベルの高さが伺える。
三条〜四条（現・祇園四条）　1964.2.9

「ハッセルブラド500CM」で捉えた三条発淀屋橋行き特急。当時3000系は6連5本・7連4本からなり、全特急運用を担当。特急は日中15分ヘッドで、全区間を京橋〜七条間無停車の45分で結んでいた。五条（現・清水五条）〜七条　*1975.11.22*

撮影当時、終日20分ヘッドの京阪特急は1900系の独壇場だったが、輸送力不足の繁忙期には2200系を使用した臨時特急が運転された。緑地に赤と白の特急マーク、臨時を示す白の標識版とのコントラストは見事だった。
四条（現・祇園四条）　*1968.4.29*

当時の四条駅は四条通を挟んで北方に下りホーム、南方に上りホームが千鳥配置されていた。両ホーム間の四条通では京都
市電との平面交差があるため、遮断機はなく安全確認は信号機と踏切警手に任されていた。近鉄820系による奈良発三条行き
820系2連が交差部分に差しかかる。京阪と近鉄は1968年12月まで丹波橋での短絡線を使って、相互乗り入れを行なっていた。
四条（現・祇園四条） 1968.4.29

鴨川に沿って走るこの区間は京阪電車ファンなら、長時間撮影していても飽きることがない。ローカル運用に就く1700系は
その大部分が1959年に特急運用から退くが、当時はまだまだ働き盛りでかくしゃくとしていた。
七条〜五条（現・清水五条）　1975.11.22

地平時代の京橋駅は、特急停車駅らしからぬ狭い相対式ホームが2本並んでいるだけで、しかも改札口のそばには市道との踏切があるため、スペースは狭隘だった。その中を2000系4連の枚方市行き準急が到着する。後方の高架橋は国鉄（現・JR）大阪環状線。京橋　1964.8.2

京都・七条からノンストップで35分間走りつづけてきた淀屋橋行き特急が京橋駅に到着。複々線だった線路は野江〜京橋の中間に当たる蒲生信号所からは再び複線になる。ホームに立つ女性は写真を撮っているのだろうか？　京橋　1964.8.2

84〜85ページとは逆に下り改札口側からの撮影。上り三条行き特急が四条通の踏切を通過するや否や、駅からの降車客や通行人、それに下り列車への乗客が速足で渡る。下り線路には淀屋橋行き2200系臨時特急の姿を確認できる。
四条（現・祇園四条）　1968.4.29

五条駅を通過した淀屋橋行き特急を疎水側から撮影した作品。手前の1926は特急形には馴染まない両運転台車だが、これは
当時5両が基本編成だった特急に増結するのが目的。そのため1900形には4両の両運車が在籍していた。
五条（現・清水五条）〜七条　1964.2.10

木津川・宇治川の両橋梁を通過した京阪特急は関電変電所を左手に眺めながらひた走る。1900系特急のドアの妻面寄りには
白地に赤で「特急」と書かれた標識札が入れられており、子どもたちはいやが上にも乗車意欲を掻き立てられた。
八幡町（現・石清水八幡宮）〜淀　1970.12.4　撮影：西尾恵介

京阪本線上り線用2番線に1700系が入線。当時1700系は特急用から退き、車内もロングシート化されていたが、繁忙期の臨時特急運用を考慮してか、特急色のままで、シンボルの鳩のマークも残されていた。寝屋川車庫から三条まで回送されるのだろうか。枚方市　1964.8.2

1993年に高架化された枚方市駅だが、地平時代も交野線を含めると島式3面6線のホームを有し、ホーム並びに改札口相互間は陸橋で結ばれていた。写真は2番線に停車する三条行き普通を、1番線の急行が停車しながら追い抜くシーン。急行は1000形、普通は1100形が先頭で、ともに国鉄の「流電」ことクモハ52の私鉄版といったところ。湘南形クハ86の顔を持つ私鉄車両は各地に存在したが、クモハ52となると京阪と西鉄以外には見当たらない。枚方市　1961.8.2

三条行きに運用中の1100形1103。1100形は戦前の1937年から翌年にかけて製造されたロングシート車で、同系のクロスシート車1000形とは窓配置が異なっていた。そのせいか、1950年から運転を開始した特急の定期運用に就く機会はなかった。枚方市　1964.8.2

枚方市を発車した三条行き急行は天野川の堤防を越えるため上り勾配に挑む。両端を1000形とし、中間に同系列の1200形や1500形を挟む5両貫通編成は見事。家屋の姿が見えないこのあたりも、現在では事業所やマンションなどが林立している。
枚方市〜御殿山　1964.8.2

枚方市駅5・6番線は交野線用ホームで、5番線から床下にトラス棒が見える800形3連の私市行きが発車する。両運転台のため車両間の通り抜けは無理だった。この800形も1965年度に交野線から引退。これにより京阪線から木造車は姿を消す。
枚方市　1964.8.2

2番線では700形704を後部とした普通三条行きが停車中。700形は1928年製のロマンスカー1580形が前身で、小振りな2段窓が並び、いかにも初期の鋼製車らしいスタイルだ。正面は当初3枚窓だったが、この704は事故の際に2枚窓で復旧した。枚方市　1964.8.2

交野線では、当時も800形が主力車両だった。しかし、1950年代の日中は単車運転だったのが、沿線の住宅開発で木造車ながら3両に、塗装も濃緑の単色だったのが、通勤車のツートンカラーに改められていた。本線用車両の入線は時間の問題といえた。枚方市　1964.8.2

国鉄（現・JR）大阪環状線の高架下にある京橋駅上りホームに631を先頭とする630・600系混成の枚方市行き区間急行が到着する。全開の窓、ホームや踏切で電車を待つ人々の服装に夏の暑さが伺える。京橋駅が現在の高架駅に移転するのは5年後のことである。京橋　1964.8.2

特急専用の4番線で発車を待つ1900系三条行き特急。淀屋橋駅では地下の限られたスペースを効率よく活用するため、1面3線のホームに4本の列車が入る。1920の車内には立ち客への着席サービスのため、パイプ椅子が10脚ほど積み込まれている。淀屋橋　*1964.8.2*

5章
モノクロームの世界（2）
ポール時代の大津線
（京津線・石山坂本線）

80形は京阪では初のシールドビーム前照灯を採用するとともに、正面から側面にかけて曲線を多用し、路面電車らしからぬ優美なフォルムを誇る電車である。三条通の併用軌道上を行く80形の背後にはインクラインのある琵琶湖疎水と、その下を南禅寺方面に抜けるレンガ造りの歩行者用トンネル「蹴上隧道」が見え、桜の季節には観光客で賑わう。
九条山〜蹴上　1969.12.23

京津線は前身の京津電気軌道により1912年8月に三条大橋〜札ノ辻（現・上栄町付近）が開通するが、線路は道路上もしくは、それに沿って敷設されたため、写真の蹴上のほか、東山三条と日ノ岡は停留所が併用軌道内に駅が設けられた。80系ではドアが開くと、下部のステップが90°に折れて飛び出す仕掛けになっていた。蹴上　1965.3.20

京津線では中間に当たる四宮駅に隣接して車庫が設けられ、ステップ付の普通用車はすべてここを拠点に運用されていた。
写真は四宮始発の区間運転電車で、画面右側にはレンガ造りの四宮変電所の建物が見える。四宮〜京阪山科　*1968.3.31*

京津線普通には80形以外に50形・60形と戦後製の70形も使用されていた。写真は併用軌道上の東山三条に停車する50形で、70形とともに正面形状から"馬づら電車"と呼ばれていた。正面を含む全開の窓と満員の車内からは真夏の暑気が伝わってくる。東山三条　1964.8.3

併用軌道上で新旧の普通電車がすれ違う。東山三条駅の安全地帯に立つのは、小学校教師とクラス児童のようだが、夏休み中なので希望者を連れて琵琶湖へ水泳に出かけるのだろうか。1970年代半ば頃までは、そうしたことも"黙認"される時代だった。東山三条　1964.8.3

京都市内の繁華街からさほど離れていない三条通の併用軌道を、ポール集電の80形浜大津行きはクルマに遠慮するかのように進む。画面右手には都ホテルが見えるが、三条通には戦前からの木造建築の家屋が多く並ぶ。
東山三条〜蹴上　1965.3.20

1981年の浜大津駅統合まで、京津線で途中、御陵・京阪山科・四宮・上栄町の4駅だけに停車する急行が運転されており、撮影当時は木造車の機器を流用した更新した260形がその任に当たっていた。特急塗装の車体と古い台車とがアンバランスだ。蹴上～東山三条　1965.3.20

日ノ岡を発車した80形三条行きは、九条山までの急勾配に挑む。京津線ではこのほか大谷～上栄町間で逢坂山を越えるため、電力回生制動を装備していた。そのため、京津線電車は典型的な登山電車でもある。日ノ岡～九条山　1964.8.2

1934年に車両規格や線路条件の異なる京阪・京津両線を直通させるべく、連接構造のほか2種類の集電装置と客用ドアを備えて登場した車両が60形「びわこ号」だった。しかし、そうした名車も晩年は特急色のままで、もっぱら三条〜浜大津間の普通仕業に就いていた。冬の冷たい雨の中、併用軌道を行く60形は何ともさびしそうだ。ちなみに、写真の63は廃車後解体を免れたのち、現在は落成時の姿に復元のうえ寝屋川車庫で保存されている。
東山三条〜蹴上　1964.2.9

80ページと同じ60形61で、こちらは京津線で稼働していた頃の姿だが、実際には予備車的存在で、車庫で休んでいることが多かった。定員が京津線では最大の112人であることや、車体や機器の構造が特殊なため、保守が大変だったのだろう。
四宮車庫　1964.8.3

60形「びわこ号」の車内。観光特急用として製造されたが、車幅が路面電車規格の2.3mに抑えられていたため、座席はロングシートだった。ドアは計4か所で、京津線ではホームの高さに合わせ、2種類のドアを使えるのは何とも便利。天井には当時標準装備の扇風機が付く。
四宮車庫　1964.8.3

四宮車庫では休車中の20形23の姿を見ることができた。1914年製の木造車を戦後1947年に鋼体化した車両だが、全長が10m
に満たない小型車であるため、輸送力の増加に追い付けなかった。この形式は前後で車輪の大きさが異なる、特異なマキシ
マムトラクション台車を履いていることで、ファンの間から人気があった。四宮車庫　1964.8.3

凍り付くような氷雨の降る中、坂本からの電車が終点浜大津にたどり着く。10形は古典的な感じがするが、それもそのはず、1910年製の木造車を簡易鋼体化した車両で、車体も大きな高床車であるため、石山坂本線で使用されていた。当時80系が増備中で引退する日も近かった。三井寺〜浜大津（現・びわ湖浜大津）　1964.2.3

屋根上にポールとパンタグラフの両方を積んだ大津線唯一の電動貨車が3020形3022。無蓋ボギー車だが、パンタグラフ取付けのため屋根があることや、運転台の幅が狭いのがユニークだった。写真左手に江若鉄道の浜大津駅が見える。
浜大津（現・びわ湖浜大津）　1965.3.20

1981年4月の駅舎統合まで浜大津駅は、京津線と石山坂本線とはホームが別々で、京津線側は写真のように行き止まり構造の櫛形3面2線だった。電動貨車3020形の隣には折返し三条行き普通となる80形が停車中。
浜大津（現・びわ湖浜大津）　1965.3.20

京津線浜大津駅でスイッチバックした260形2連の三条発石山寺行き急行は、同駅の石坂線ホームにも停車したあとに、各駅停車となって島ノ関方に向かう。写真奥には国鉄（現・JR）浜大津貨物駅からの線路が何本か見えるが、間もなく石坂線の下り線と合流し、膳所まで片方だけが三線軌区間となる。当時の浜大津駅周辺は鉄道ファンにとっては何かと楽しかった。
浜大津（現・びわ湖浜大津）〜島ノ関　1965.3.20

30形2連の坂本発石山寺行きが浜大津駅（東口）と称される同駅の石坂線ホームに進入する。写真前方から左側に延びるのが京津線から石坂線石山寺方面への短絡線、右側は京津線三条方向である。30形は10m足らずの小型車だが、貫通幌付きの2両固定編成。京津線の急行だった時期もあるが、晩年は石坂線専用だった。三井寺～浜大津（現・びわ湖浜大津）　1965.3.20

10形18の単行による坂本発石山
寺行きが、大津市内の併用軌道
上を行く。写真の10形18は118
〜119ページと同じ形式だが、
お椀型ベンチレーターのシング
ルルーフに改造されている。撮
影日の天候も関係してか、見た
目のイメージは大きく異なる。
三井寺〜浜大津（現・びわ湖浜
大津） 1964.8.3

124 ～ 125ページと同じ場所を行く30形2連の坂本行きを上り線側から撮影した作品。同じ浜大津でも繁華街に近い京津線側に比べ、石坂線側は併用軌道が途切れる三井寺直前まで昔からの落ち着いた街並みが続き、30形も風景の中に溶けこんでいた。浜大津（現・びわ湖浜大津）〜三井寺　1964.8.3

石山坂本線の近江神宮前駅には錦織（にしごうり）車庫があり、同線用の電車が所属している。車庫には20形や10形など、懐かしくかつ個性的な面々が顔を揃える。本線を行くのは古強者の200形221。かつては京阪線や京津線急行として活躍した車両である。近江神宮前〜南滋賀　1965.3.20

【著者プロフィール】

諸河 久（もろかわひさし）

1947年東京都生まれ。日本大学経済学部、東京写真専門学院（現・東京ビジュアルアーツ）卒業。

鉄道雑誌「鉄道ファン」のスタッフを経て、フリーカメラマンに。

「諸河 久フォト・オフィス」を主宰。国内外の鉄道写真を雑誌、単行本に発表。

「鉄道ファン／CANON鉄道写真コンクール」「2020年 小田急ロマンスカーカレンダー」などの審査員を歴任。

公益社団法人・日本写真家協会会員 桜門鉄遊会代表幹事。

著書に「カラーブックス 日本の私鉄7 京阪」・「オリエント・エクスプレス」（保育社）、「都電の消えた街」（大正出版）、「総天然色のタイムマシーン」（ネコ・パブリッシング）、「モノクロームの東京都電」・「モノクロームの軽便鉄道」（イカロス出版）、「モノクロームの私鉄原風景」（交通新聞社）など多数があり、2020年3月にはフォト・パブリッシングから「阪急電車の記録　上巻・下巻」を上梓している。

【執筆協力】

寺本 光照（てらもとみつてる）

1950年大阪府生まれ。甲南大学法学部卒業後、小学校教諭・放課後クラブ指導員を経て、現在はフリーの鉄道作家として著述活動に専念。

著書は『国鉄・JR列車名大事典』（中央書院）、『時刻表でたどる新幹線発達史』（JTBパブリッシング）、『こんなに面白い！近鉄電車100年』（交通新聞社）など多数。

【作品提供】

飯島 巖、西尾 恵介

【編集協力】

田谷 恵一

【モノクローム作品デジタルデータ作成】

諸河 久

1970～80年代
京阪電車の記録
京阪本線、宇治線、交野線
大津線（京津線・石山坂本線）

2020年5月7日　第1刷発行

著　者………………諸河 久

発行人………………高山和彦

発行所………………株式会社フォト・パブリッシング

　　　　　　　　　〒161-0032　東京都新宿区中落合2-12-26

　　　　　　　　　TEL.03-5988-8951　FAX.03-5988-8958

発売元………………株式会社メディアパル（共同出版者・流通責任者）

　　　　　　　　　〒162-8710　東京都新宿区東五軒町6-24

　　　　　　　　　TEL.03-5261-1171　FAX.03-3235-4645

デザイン・DTP………柏倉栄治（装丁・本文とも）

印刷所………………株式会社シナノパブリッシング

ISBN978-4-8021-3187-2 C0026

本書の内容についてのお問い合わせは、上記の発行元（フォト・パブリッシング）編集部宛てのEメール（henshuubu@photo-pub.co.jp）または郵送・ファックスによる書面にてお願いいたします。